Hamraoui Marwen
Ghribi Mahrez

Système de notification par courrier électronique

Hamraoui Marwen
Ghribi Mahrez

Système de notification par courrier électronique

Pour le suivie des absences des étudiants

Éditions universitaires européennes

Impressum / Mentions légales
Bibliografische Information der Deutschen Nationalbibliothek: Die Deutsche
Nationalbibliothek verzeichnet diese Publikation in der Deutschen
Nationalbibliografie; detaillierte bibliografische Daten sind im Internet über
http://dnb.d-nb.de abrufbar.
Alle in diesem Buch genannten Marken und Produktnamen unterliegen
warenzeichen-, marken- oder patentrechtlichem Schutz bzw. sind
Warenzeichen oder eingetragene Warenzeichen der jeweiligen Inhaber. Die
Wiedergabe von Marken, Produktnamen, Gebrauchsnamen, Handelsnamen,
Warenbezeichnungen u.s.w. in diesem Werk berechtigt auch ohne besondere
Kennzeichnung nicht zu der Annahme, dass solche Namen im Sinne der
Warenzeichen- und Markenschutzgesetzgebung als frei zu betrachten wären
und daher von jedermann benutzt werden dürften.

Information bibliographique publiée par la Deutsche Nationalbibliothek: La
Deutsche Nationalbibliothek inscrit cette publication à la Deutsche
Nationalbibliografie; des données bibliographiques détaillées sont
disponibles sur internet à l'adresse http://dnb.d-nb.de.
Toutes marques et noms de produits mentionnés dans ce livre demeurent
sous la protection des marques, des marques déposées et des brevets, et sont
des marques ou des marques déposées de leurs détenteurs respectifs.
L'utilisation des marques, noms de produits, noms communs, noms
commerciaux, descriptions de produits, etc, même sans qu'ils soient
mentionnés de façon particulière dans ce livre ne signifie en aucune façon
que ces noms peuvent être utilisés sans restriction à l'égard de la législation
pour la protection des marques et des marques déposées et pourraient donc
être utilisés par quiconque.

Coverbild / Photo de couverture: www.ingimage.com

Verlag / Editeur:
Éditions universitaires européennes
ist ein Imprint der / est une marque déposée de
OmniScriptum GmbH & Co. KG
Heinrich-Böcking-Str. 6-8, 66121 Saarbrücken, Deutschland / Allemagne
Email: info@editions-ue.com

Herstellung: siehe letzte Seite /
Impression: voir la dernière page
ISBN: 978-3-8417-4821-8

Dédicaces

A mon dieu

A mes très chers parents

Pour tous les sacrifices qu'ils m'ont consentis, aucun mot ne serait témoigner
de l'étendu des sentiments que m'éprouvons à leurs égards, qu'ils me soient
donnés d'être digne de leur affection.

A mon frère et mes deux sœurs et A toute ma famille
Dire merci c'est insuffisant devant votre aide et surtout de m'avoir encouragé.

A tous mes professeurs et mes amis,

Qui m'ont soutenu

De près ou de loin tout au long de ce projet.

A mon binôme Mahrez.

Et
A tous ceux dont l'oubli du nom n'est pas celui du cœur

Marwen...

Remerciement

*A*vant de commencer la rédaction de mon rapport ,
J'aimerai exprimer mes vifs remerciements et mes gratitudes les plus
distinguées à tous ceux qui nous ont aidé à effectuer ce stage dans les
meilleures conditions, qui nous ont encouragé par leurs conseils précieux et
qui nous ont offert les diverses documentations efficaces et nécessaires pour notre
formation.

Particulièrement je commence à remercier **Mr Riadh Ghlala** *qui m'a fait l'honneur
d'être mon encadrant. Je la remercie pour son encouragement continu et aussi d'être
toujours là pour m'écouter, m'aider et me guider à retrouver le bon chemin par sa
sagesse et ses précieux conseils. Ainsi que son soutien moral et sa preuve de
compréhension, ce qui m'a donné la force et le courage d'accomplir ce projet.*

*Je tiens d'autre part à remercier les respectables membres du jury pour bien vouloir
m'accorder de leur temps précieux pour commenter, discuter et juger mon travail.*
*En fin, je ne peux achever ce rapport de projet de fin d'étude sans exprimer ma
gratitude à tous les professeurs de l'Institut Supérieur de les Etudes Technologiques
de Charguia pour leur dévouement et leur assistance tout au long de mes études
universitaires.*

*Merci
Beaucoup*

تلخيص

في ظل المشاكل التي يواجهها الطلبة إزاء الغيابات المتكررة ، قام المعهد العالي للدراسات التكنولوجية بالشرقية باقتراح نظام إعلامية يتمركز حول إعلام الطالب إثر كل تجديد على مستوى سجل الغيابات عن طريق الرسائل الإلكترونية والذي يعتبر مشروع تخرجنا هذه السنة . في الجزء الأول قمنا بتقديم التصميم العام للمشروع ، حيث حددنا كل العناصر الرئيسية و التي يُعتمد عليها لضمان حسن سير البرنامج ، هذا من ناحية ، و من ناحية أخرى أبرزنا الإطار المنهجي من حيث الوسائل المستعملة في البحث ، تقييم و تحليل بيئة المشروع في الجزء الثاني اهتممنا بتبيين كل حالات الاستخدام وفق سياق عام لمحاولة الإلمام بكل نقاط اشتغال هذا البرنامج. اما الجزء الثالث فهو تحليل نظامنا إلى نظم فرعية مما يسهل تعريف مراحل المصادقة والتنفيذ والصيانة.

في الجزء الرابع نحن مهتمون بتصميم وكتابة وتقديم وتنفيذ المواصفات التي تمثل خارطة طريق لتنفيذ المشروع. هذا الجزء الأخير يقدم أيضا أوقات التنفيذ، وجدول زمني، وأدوات التقييم التي تختبر موثوقية النظام

Résumé

A cause des problèmes rencontré par les étudiant au niveau des absences, L'Institut Supérieur des Etudes Technologiques de Charguia a proposé de créer un système de notification par courrier électronique pour le suivie d'absence qui est notre projet de fin d'études cette année.

Dans la première partie on a présenté le cadre conceptuel c'est-à-dire l'objet et les enjeux liés au développement de notre système d'une part et d'autre part le cadre méthodologique à savoir les outils d'enquêtes, d'évaluation du projet et une analyse de l'environnement institutionnel et de l'existant. Et dans la deuxième partie on s'intéresse à cadrer le projet et à définir ses cas d'utilisations afin de mieux le situer dans son contexte général.

La troisième partie consiste à décomposer notre système en sous-systèmes ce qui facilite la définition des phases d'implémentation, de validation et de maintenance. Dans La quatrième partie nous nous sommes intéressés à concevoir, rédiger, présenter et appliquer le cahier des charges qui représente la feuille de route pour la mise en œuvre du projet. Cette dernière partie livre également le chronogramme d'exécution, un planning des intervenants et les outils d'évaluation qui permettent de tester la fiabilité du système mis en place.

Abstract

Due to the problems encountered by the students in level of repeated absences, the higher institute of technological studies in Charguia suggests to create a notification system through E-mail messages about keeping track of absences which is our graduation project for this year.

In the first part, we introduced the conceptual frame, in other words, the purpose and the wagers linked to the development of our system, on one hand, and the methodological frame namely the tools of studies and project assessment and the institutional and existing environment, on the other hand.

In the second part, we will deal with framing the research and defining the cases of use in order to properly situate it in the general context.

The third part consists in dismantling our system to subsystems which facilitates the implementation, validation and maintenance phases.

In the fourth part, we will deal with conceiving, drawing up, presenting and applying the charges book which depicts the roadmap of the project implementation. This last part also delivers the implementation chronogram, the planning's contributors and the evaluation tools which permits the reliability of the implemented system.

Sommaire

Liste des figures

Introduction général

L'informatique connaît un tournant depuis le « soit disant » bug de l'année 2000. Elle est due à l'informatisation de la majeure partie des tâches, à la puissance des processeurs qui ne cesse de grandir et surtout aux nouvelles technologies de l'information et de la communication. Ces changements posent, naturellement, un grand défi aussi bien pour les décideurs politiques que pour les entreprises. Cette transition amène les entreprises à réviser leurs stratégies et leurs structures, d'où cet engouement pour les développeurs java J2EE et .NET.

Tout processus d'informatisation offre la possibilité de réorganiser le travail interne à une structure en modifiant en profondeur les pratiques de travail afin de les simplifier et de les améliorer.

C'est le cas de système d'absence des étudiants de l'Institut Supérieur des Etudes Technologiques, puisqu'il est question d'automatiser sa gestion.

Dans ce cadre s'inscrit notre projet de fin d'études qui consiste à réaliser une application Web pour le suivie d'absence des étudiants de ISET.

Pour atteindre notre objectif nous avons partagé le travail comme suit :

Le premier chapitre est une prise de connaissance et une analyse de l'existant pour mieux définir les besoins et les fonctions de notre application.

Dans le second chapitre, nous allons faire notre choix sur les méthodes et les outils à utiliser pour réaliser l'application.

Le troisième chapitre sera consacré à la conception de l'application il s'agit d'une phase de modélisation théorique de l'application.

Avant de clôturer, nous allons présenter la réalisation ainsi que les résultats obtenus dans le quatrième chapitre.

Chapitre 1 : Présentation du cadre du stage

I. Présentation de cadre du stage

1. Présentation de l'Institut Supérieur des Etudes Technologiques de CHARGUIA

L'Institut Supérieur des Etudes Technologiques de CHARGUIA a été créé en vertu du Décret n° 2000-981 en date du 11 mai 2000. Il relève de la Direction Générale des Etudes Technologiques du Ministère de l'Enseignements Supérieur. Nous vous représentons dans la figure suivante l'ISET :

Figure 1 : Institut Supérieur des Etudes Technologique à Charguia

II. Etude de l'existant

Dans cette activité, nous essaierons de faire une étude de l'existant et critiquer cette dernière.

1. Description de l'existant

Le suivie d'absence se fait semi-manuellement en utilisant Microsoft Office Excel

A chaque fin du mois les étudiant seront informé pas un affichage qui comporte leurs taux d'absences dans chaque matière

2. Critique de l'existant

L'étude de l'existant nous a permis de dégager les insuffisances suivantes :

- Manque de sécurité puisque le suivie des absences se fait par Excel qui est un logiciel de première génération donc n'importe qui peut accéder aux informations
- Il aussi il y a une problème lors de consultation des absences des étudiant puisque il y a un risque de perdre les feuille d'appelles
- La manque d'information pour les étudiant car on a observé qu'il y a toujours des retard lors d'affichage du taux d'absences
- Le non disponibilité des étudiants

3. Solution proposées

Notre objectif principal consiste à concevoir et réaliser une application web permettant le suivie et la gestion global des absences des étudiants de l'ISET. Une telle application devra offrir les objectifs principaux suivants :

- Permet de Suivre et de gérer les absences des étudiants d'une manière compréhensive
- Avoir la possibilité de consulté les absences des étudiants a tout moment et on plus de détailles
- Allégé la tâche pour les personnel
- Facilite l'information pour les étudiants par l'envoi des e-mails

La réalisation d'une telle application nous permet d'atteindre les objectifs secondaires suivants:

- ✓ L'intégrité,
- ✓ La sécurité,
- ✓ La confidentialité des données,
- ✓ La garantie d'un accès rapide.

Chapitre 2 : Spécification des besoins

I.   Etude des besoins

1. Besoins fonctionnels

a) Les taches de l'administrateur :
L'application permet au administrateur de :

S'identifier : Pour pouvoir accéder aux différentes fonctionnalités de système l'administrateur doit s'identifier.

Gérer les départements:

L'administrateur peut effectuer différentes opérations de gestion des départements telles que :
La consultation de la liste des ouvrages : l'administrateur peut consulter la liste des départements :
L'ajout d'un département : l'administrateur peut ajouter un nouveau département
La suppression d'un département : l'administrateur peut supprimer un département qui est déjà existe
La modification d'un département : l'administrateur peut modifier le nom d'un département

Gérer les classes :

L'administrateur peut effectuer plusieurs opération de gestion des classes telles que :

Consultation de la liste des classes : l'administrateur peut consulter la liste des classes on choisissant le département sur le quelle ils appartiennent

L'ajout d'une classe : l'administrateur peut ajouter une nouvelle classe
La suppression d'une classe: l'administrateur peut supprimer une classe qui est déjà existe
La modification d'une classe: l'administrateur peut modifier le nom d'une classe

Gérer les étudiants :

L'administrateur peut effectuer plusieurs opération de gestion des étudiants telles que :

Consultation de la liste des étudiants : l'administrateur peut consulter la liste des étudiants on choisissant le département et la classe sur lesquelles ils appartiennent

L'ajout d'un étudiant : l'administrateur peut ajouter un nouvel étudiant
La suppression d'un étudiant: l'administrateur peut supprimer un étudiant qui est déjà existe dans une classes
La modification d'un étudiant: l'administrateur peut modifier les différents données de l'étudiant telles que le nom, le prénom, l'adresse email, CIN et la classe dont le quelle il appartient

Gestion des matières :

L'administrateur peut effectuer plusieurs opération permettant la gestion des étudiants telles que :
Consultation de la liste des matières : permet de lister la liste des matières par classe
L'ajoute des matières : l'administrateur peut ajouter des nouvelles matières
La suppression des matières : l'administrateur peut supprimer une ou plusieurs matières

Gestion des emplois :

L'administrateur peut effectuer plusieurs opération permettant la gestion des emplois telles que :
L'ajout des séances : l'administrateur peut ajouter une ou plusieurs séance a chaque classe on spécifiant la matière la séance et le jour
Remarque : la charge horaire d'une matière est lié au nombre de fois cette dernier va être étudié, ou plus précisément le nombre de séance où un classe va étudier la même matière dans une semaine, donc ce charge va être modifié automatiquement à chaque fois où on ajoute une nouvelle séance
La suppression d'une séance : l'administrateur peut supprimer une ou plusieurs séances
La consultation des séances : l'administrateur peut lister les séances étudié par une classe spécifique

La gestion des absences :

L'administrateur a le droit d'accéder à toutes les opérations qui permettent une gestion Compréhensive des absences telle que :

Ajouter une absence : l'administrateur peut ajouter une ou plusieurs absences a chaque étudiant mais pour que l'ajout d'une absence soit réussit a il doit respecte le l'emploi de la classe de l'étudiant concerné

Supprimer une absence : l'administrateur peut supprimer une ou plusieurs absences

Consulter les absences : l'administrateur peut consulter les absences

Il existe deux modes de consultation :

- Consultation par étudiant : l'administrateur doit sélectionner le département la classes et l'étudiant
- Consultation par matière : l'administrateur doit sélectionner le département la classes et l'étudiant

Gestion des états :

L'administrateur peut effectuer plusieurs opération qui permet de lister les états des étudiants telle que :

Consulter la liste des étudiants élimines : l'administrateur peut lister les étudiants éliminés en spécifiant le département et la classe

Consulter la liste des étudiants qui sont dans la zone rouge : l'administrateur peut lister tous les informations (CIN, Nom, Prénom, matière) des étudiants qui sont atteint leurs limites des absences

b) Les taches effectuées par le système :

Le système s'occupe de notifier les étudiants par l'envoi des e-mails à tous les étudiants de l'ISET

Les règles d'envoi des e-mails :

Règle 1 : Si un étudiant atteint son limite d'absences dans une matière le système va lui envoie un e-mail instantanément pour l'informé

Règle 2 : Si un dépasse leur limite d'absences, un e-mail va être envoyé dans son boite e-mail pour l'informe

Règle 3 : a chaque fin du mois chaque étudiants va reçoit un e-mail qui contient la liste des matières avec son taux d'absence dans chaque une.

2. Besoins non fonctionnels

Pour s'assurer du bon fonctionnement de notre application, elle doit rependre aux critères suivants :

- La sécurité d'accès aux données : L'application devra être sécurisée par un système d'authentification car les informations ne doivent pas être accessibles à tout le monde,
- La convivialité du système : Le logiciel doit être convivial et facile à manipuler vu que les utilisateurs de système ne sont pas des professionnels,
- Ergonomie : L'interface doit être attractive et ergonomique,
- Fiabilité : L'application doit fonctionner de façon cohérente sans erreurs,
- Les erreurs : L'application doit signaler les erreurs par des messages d'erreurs.
- Dans le cadre de ce travail, l'application devra être extensible, c'est-à-dire qu'il pourra y avoir une possibilité d'ajouter ou de modifier de nouvelles fonctionnalités.

II.   Les diagrammes de cas d'utilisation

L'objectif fondamental de cette étape est d'identifier les principaux cas d'utilisations. Nous nous intéressons donc, dans cette partie, à la réalisation des diagrammes des cas d'utilisations. Ces diagrammes décrivent précisément les besoins de l'utilisateur et spécifient le comportement attendu par le système à développer. Généralement un diagramme de cas d'utilisation modélise un service rendu par le système.

1. Présentation des acteurs

Notre projet comporte trois acteurs

L'administrateur : il possède tous les privilèges d'accès à l'application et il s'occupe de toute la partie gestion

Le système : il s'occupe de l'envoi des e-mails aux étudiants

2. Description des cas d'utilisation

a) Diagramme de cas d'utilisation général

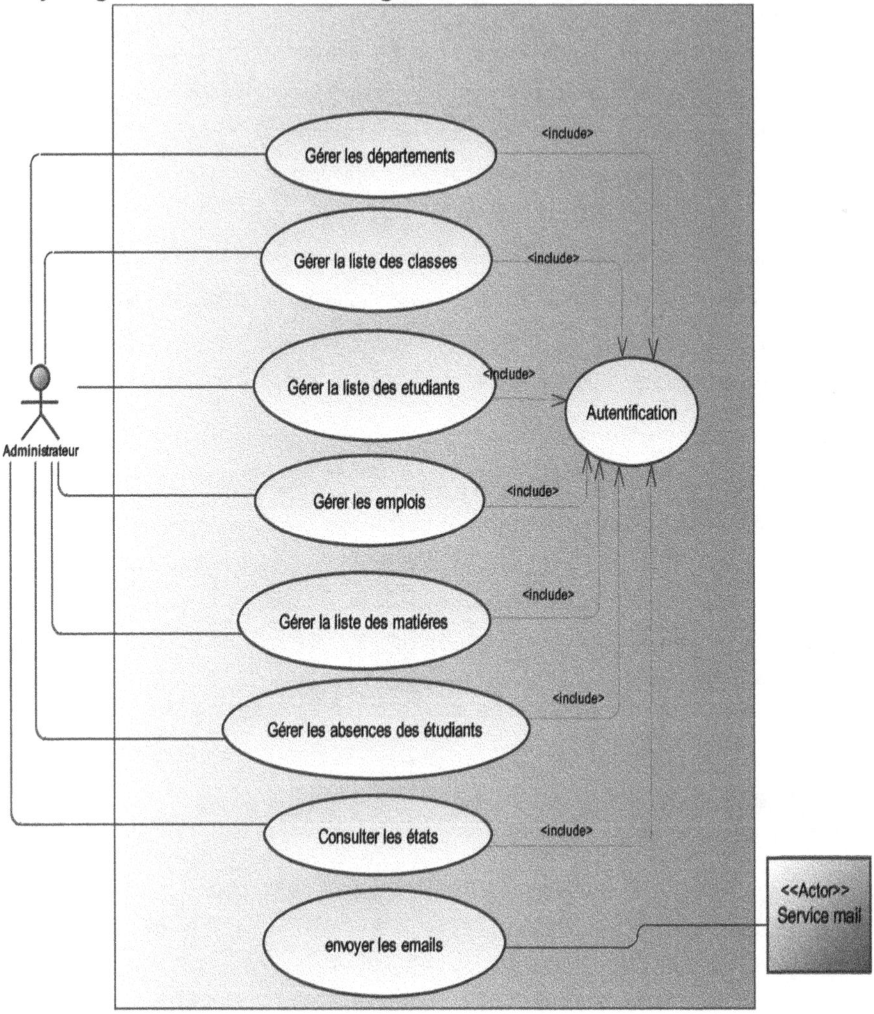

Figure 2 : Diagramme de cas d'utilisation général

- Cas d'utilisation « Authentification »

Scénario relatif au cas d'utilisation « authentification » :

- **Objectif** : S'authentifier

- **Acteur principal** : l'administrateur

- **Enchainement nominal** :

1. Le cas commence lorsque l'utilisateur se connecte au système.

2. Le système affiche principalement une interface d'authentification.

3. L'administrateur saisit son login et mot de passe.

4. Il valide.

5. Le système vérifie si le mot de passe et le login sont corrects (E-1).

6. Le menu principal est affiché.

Exceptions :

E-1 : Le mot de passe et /ou login incorrects :

-le système affiche un message d'erreur et reprend l'étape

Diagramme de séquence relatif au cas d'utilisation «Authentification »

Il décrit les différentes interactions entre le système et l'utilisateur (administrateur ou étudiant) afin qu'il puisse accéder à l'application.

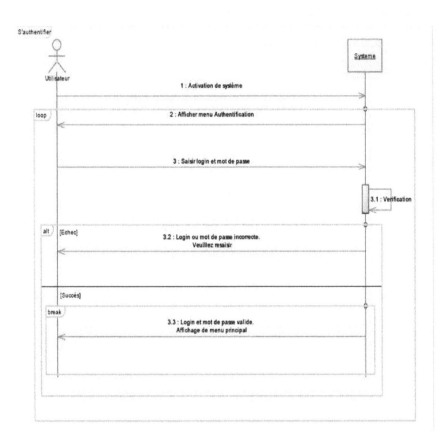

Figure 3 : Diagramme de séquence relatif au cas d'utilisation «Authentification »

b) Diagrammes des cas d'utilisations détaillés

Diagramme de cas d'utilisation « **gérer les départements** »

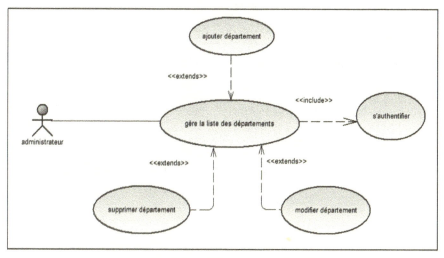

Figure 4 :Diagramme de cas d'utilisation « gérer les départements »

Scénario relatif au cas d'utilisation «Gestion des départements »

- Objectif : L'administrateur gère les départements

- Acteur principal : L'administrateur.

- Pré condition : l'utilisateur est authentifié avec succès.

- Enchainement nominal :

Le cas d'utilisation commence quand l'administrateur choisit l'option « gestion des départements », il choisit l'une des options suivantes: AJOUTER DEPARTEMENT ou LISTER LES DEPARTEMENTS

Si l'activité sélectionnée est AJOUTER DEPARTEMENT, le sous-flot S-1: Ajouter nouvel département est exécuté.

Si l'activité sélectionnée est LISTER LES DEPARTEMENT, le sous-flot S-2: lister les départements est exécuté.

Les sous-flots:

<u>S-1: Ajouter nouvel département :</u>

- Objectif : Ajouter nouvel département.

- Post condition : nouvel département ajouté.

- Enchainement nominal :

1. Le système affiche un formulaire contenant des champs de saisie des attributs de département.

2. L'administrateur remplit le formulaire (E-1).

3. L'administrateur valide l'ajout d'un département (E-2).

4. Le système enregistre les nouvelles informations et affiche un message de confirmation.

<u>S-2: Consulter la liste des départements :</u>

- Objectif : Consulter la liste des départements.

- Post condition : départements consultés

- Enchainement nominal :

1. Le système Affiche la liste des départements.

2. Le bibliothécaire peut effectuer une modification sur le département souhaité ou le supprimer.

Exceptions :

E-1 : L'administrateur valide et le formulaire n'est pas totalement rempli.

  ➢ Le système affiche un message d'erreur.

E-2: L'administrateur annule l'opération d'ajout après remplissage de formulaire.

  ➢ Le système annule l'opération d'ajout et réinitialise le formulaire.

Diagramme de cas d'utilisation « **gérer la liste des classes** »

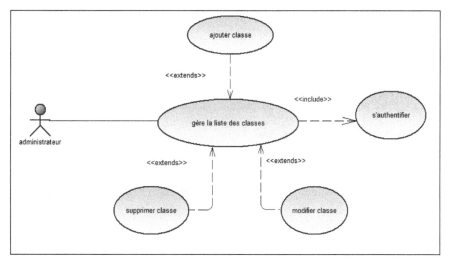

Figure 5 : Diagramme de cas d'utilisation « gérer la liste des classes »

Scénario relatif au cas d'utilisation «Gestion des classes»

- Objectif : L'administrateur gère les classes

- Acteur principal : L'administrateur.

- Pré condition : l'utilisateur est authentifié avec succès.

- Enchainement nominal :

Le cas d'utilisation commence quand l'administrateur choisit l'option « gestion des classes », il choisit l'une des options suivantes: AJOUTER CLASSES ou LISTER LES CLASSE

Si l'activité sélectionnée est AJOUTER CLASSE, le sous-flot S-3: Ajouter nouvelle classes est exécuté.

Si l'activité sélectionnée est LISTER LES CLASSES, le sous-flot S-4: lister les classes est exécuté.

Les sous-flots:

S-3: Ajouter nouvelle classe :

- Objectif : Ajouter nouvelle classe.

- Post condition : nouvelle classe ajouté.

- Enchainement nominal :

1. Le système affiche un formulaire contenant des champs de saisie des attributs de classe.

2. L'administrateur remplit le formulaire (E-1).

3. L'administrateur valide l'ajout d'une classe (E-2).

4. Le système enregistre les nouvelles informations et affiche un message de confirmation.

S-4: Consulter la liste des classes :

- Objectif : Consulter la liste des classes.

- Post condition : classes consultées

- Enchainement nominal :

1. Le système Affiche la liste des classes.

2. Le bibliothécaire peut effectuer une modification sur une suppression classes.

Exceptions :

E-1 : L'administrateur valide et le formulaire n'est pas totalement rempli.

> Le système affiche un message d'erreur.

E-2: L'administrateur annule l'opération d'ajout après remplissage de formulaire.

> Le système annule l'opération d'ajout et réinitialise le formulaire.

- Diagramme de séquence relatif au cas d'utilisation « Ajouter un nouvelle Classe»

La figure décrit les différentes interactions entre le système et l'administrateur afin qu'il puisse Ajouter une nouvelle classes.

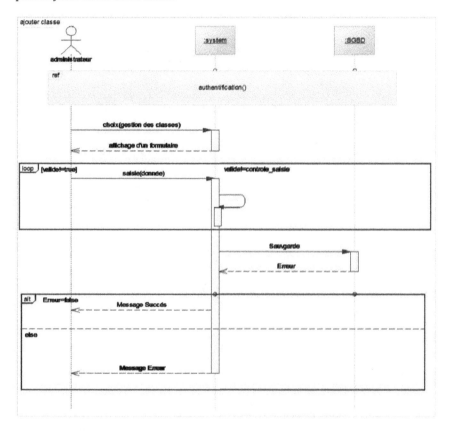

Figure 6 : Diagramme de séquence relatif au cas d'utilisation « Ajouter un nouvelle Classe»

Diagramme de cas d'utilisation <<gérer la liste des matières>>

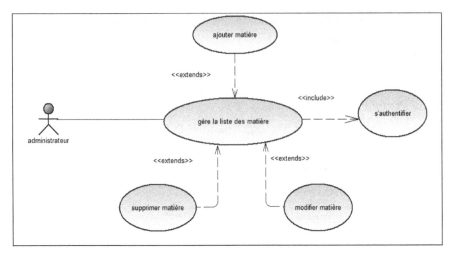

Figure 7 : Diagramme de séquence relatif au cas d'utilisation « Ajouter un nouvelle Classe»

Scénario relatif au cas d'utilisation «Gestion des matières»

- Objectif : L'administrateur gère les matières

- Acteur principal : L'administrateur.

- Pré condition : l'utilisateur est authentifié avec succès.

- Enchainement nominal :

Le cas d'utilisation commence quand l'administrateur choisit l'option «gestion des matières »,
il choisit l'une des options suivantes: AJOUTER MATIERE ou LISTER LES MATIERE

Si l'activité sélectionnée est AJOUTER MATIERE, le sous-flot S-5: Ajouter nouvelle matière
est exécuté.

Si l'activité sélectionnée est LISTER LES MATIERE, le sous-flot S-6: lister les matières est
exécuté.

Les sous-flots:

<u>S-5: Ajouter nouvelle matière :</u>

- Objectif : Ajouter nouvelle matière.

- Post condition : nouvelle matière ajouté.

- Enchainement nominal :

1. Le système affiche un formulaire contenant des champs de saisie des attributs de la matière.

2. L'administrateur remplit le formulaire (E-1).

3. L'administrateur valide l'ajout d'une matière (E-2).

4. Le système enregistre les nouvelles informations et affiche un message de confirmation.

<u>S-6: Consulter la liste des mastères :</u>

- Objectif : Consulter la liste des matières.

- Post condition : matières consultées

- Enchainement nominal :

1. Le système Affiche la liste des matières.

2. L'administrateur peut modifier ou supprimer une ou plusieurs matières

Exceptions :

E-1 : L'administrateur valide et le formulaire n'est pas totalement rempli.

> Le système affiche un message d'erreur.

E-2: L'administrateur annule l'opération d'ajout après remplissage de formulaire.

> Le système annule l'opération d'ajout et réinitialise le formulaire.

- Diagramme de séquence relatif au cas d'utilisation « Ajouter un nouvelle Matière»

La figure décrit les différentes interactions entre le système et l'administrateur afin qu'il puisse Ajouter une matière.

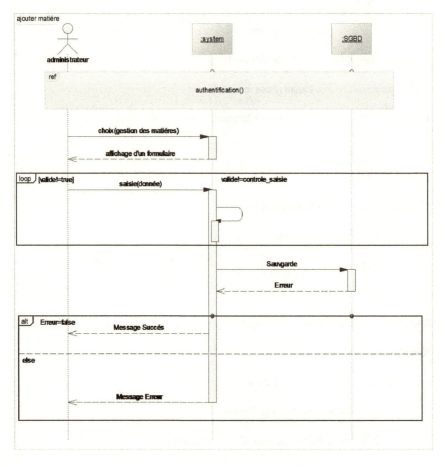

Figure 8 : Diagramme de séquence relatif au cas d'utilisation « Ajouter un nouvelle Matière»

Diagramme de cas d'utilisation « gérer la liste des étudiants »

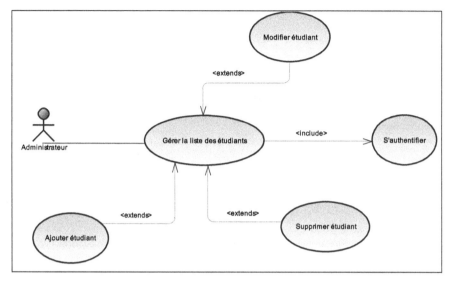

Figure 9 : Diagramme de cas d'utilisation « gérer la liste des étudiants »

Scénario relatif au cas d'utilisation «Gestion des étudiants»

- Objectif : L'administrateur gère les étudiants

- Acteur principal : L'administrateur.

- Pré condition : l'administrateur est authentifié avec succès.

- Enchainement nominal :

Le cas d'utilisation commence quand l'administrateur choisit l'option «gestion des étudiants», il choisit l'une des options suivantes: AJOUTER ETUDIANT ou LISTER LES ETUDIANTS

Si l'activité sélectionnée est AJOUTER ETUDIANT, le sous-flot S-7: Ajouter un étudiant est exécuté.

Si l'activité sélectionnée est LISTER LES ETUDIANTS, le sous-flot S-8: lister les étudiants est exécuté.

Les sous-flots:

S-7: Ajouter nouvel étudiants:

- Objectif : Ajouter nouvelle étudiant.

- Post condition : nouvelle étudiant ajouté.

- Enchainement nominal :

1. Le système affiche un formulaire contenant des champs de saisie des attributs de l'étudiant.

2. L'administrateur remplit le formulaire (E-1).

3. L'administrateur valide l'ajout d'un étudiant (E-2).

4. Le système enregistre les nouvelles informations et affiche un message de confirmation.

S-8: Consulter la liste des étudiants :

- Objectif : Consulter la liste des étudiants.

- Post condition : étudiants consultés

- Enchainement nominal :

1. Le système Affiche la liste des étudiants.

2. L'administrateur peut modifier ou supprimer une ou plusieurs étudiants

Exceptions :

E-1 : L'administrateur valide et le formulaire n'est pas totalement rempli.

> Le système affiche un message d'erreur.

E-2: L'administrateur annule l'opération d'ajout après remplissage de formulaire.

> Le système annule l'opération d'ajout et réinitialise le formulaire.

- Diagramme de séquence relatif au cas d'utilisation « Modifier Etudiant»

La figure décrit les différentes interactions entre le système et l'administrateur afin qu'il puisse Modifier un étudiant.

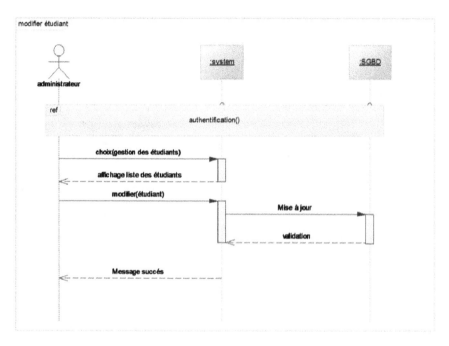

Figure 10 : Diagramme de séquence relatif au cas d'utilisation « Modifier Etudiant»

Diagramme de cas d'utilisation « gérer les emplois de temps »

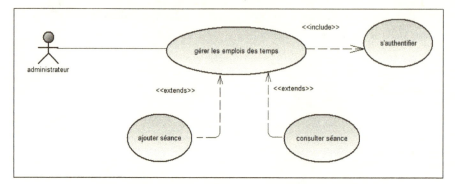

Scénario relatif au cas d'utilisation «Gestion des emplois»

- Objectif : L'administrateur gère les emplois de temps

- Acteur principal : L'administrateur.

- Pré condition : l'administrateur est authentifié avec succès.

- Enchainement nominal :

Le cas d'utilisation commence quand l'administrateur choisit l'option «gestion des emplois», il choisit l'une des options suivantes: AJOUTER UNE SEANCE ou LISTER LES SEANCES

Si l'activité sélectionnée est AJOUTER SEANCE, le sous-flot S-9: Ajouter une séance est exécuté.

Si l'activité sélectionnée est LISTER LES SEANCES, le sous-flot S-10: lister les séances est exécuté.

Les sous-flots:

S-9: Ajouter une séance:

- Objectif : Ajouter nouvelle séance.

- Post condition : une séance ajoutée.

- Enchainement nominal :

1. Le système affiche un formulaire contenant des champs de saisie des attributs de la séance.

2. L'administrateur remplit le formulaire (E-1).

3. L'administrateur valide l'ajout d'une séance (E-2) (E3).

4. Le système enregistre les nouvelles informations et affiche un message de confirmation.

S-10: Consulter la liste des séances :

- Objectif : Consulter la liste des séances.

- Post condition : matières consultées

- Enchainement nominal :

1. Le système Affiche la liste des séances.

2. L'administrateur peut modifier ou supprimer une séance

Exceptions :

E-1 : L'administrateur valide et le formulaire n'est pas totalement rempli.

   ➤ Le système affiche un message d'erreur.

E-2: L'administrateur annule l'opération d'ajout après remplissage de formulaire.

   ➤ Le système annule l'opération d'ajout et réinitialise le formulaire.

E-3: la séance et déjà existe ou occupée.

   ➤ Le système affiche un message d'erreur
   ➤ Le système annule l'opération d'ajout et réinitialise le formulaire.

- Diagramme de séquence relatif au cas d'utilisation « Ajouter séance»

La figure décrit les différentes interactions entre le système et l'administrateur afin qu'il puisse Modifier un étudiant.

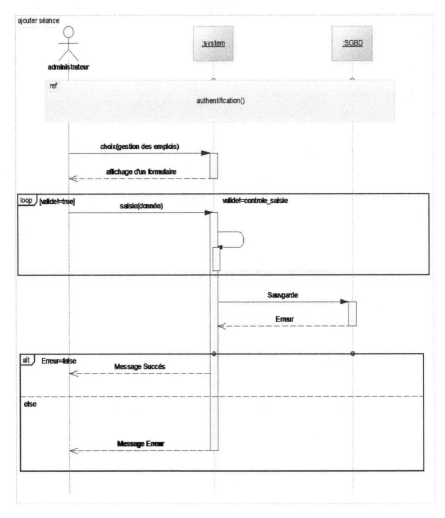

Figure 12 : Diagramme de séquence relatif au cas d'utilisation « Ajouter séance»

Diagramme de cas d'utilisation « gérer les absences »

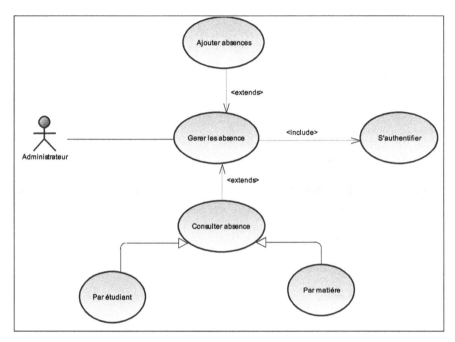

Figure 13 : Diagramme de cas d'utilisation « gérer les absences »

Scénario relatif au cas d'utilisation «Gestion des absences»

- Objectif : L'administrateur gère les absences

- Acteur principal : L'administrateur.

- Pré condition : l'administrateur est authentifié avec succès.

- Enchainement nominal :

Le cas d'utilisation commence quand l'administrateur choisit l'option «gestion des absences»,
il choisit l'une des options suivantes: AJOUTER UNE ABSENCE ou LISTER LES
ABSENCES

Si l'activité sélectionnée est AJOUTER ABSENCE, le sous-flot S-11: Ajouter une absence
est exécuté.

Si l'activité sélectionnée est LISTER LES ABSENCES, le sous-flot S-12: lister les absences est exécuté.

Les sous-flots:

S-11: Ajouter une Absence:

- Objectif : Ajouter nouvelle absences.

- Post condition : une absence ajoutée.

- Enchainement nominal :

1. Le système affiche un formulaire contenant des champs de saisie des attributs de l'absence à ajouter telle que la classe l'étudiant la séance et la date.

2. L'administrateur remplit le formulaire (E-1).

3. L'administrateur valide l'ajout d'une absence (E-2) (E-3) (E-4).

4. Le système enregistre les nouvelles informations et affiche un message de confirmation.

5. Le système fait un calcule sur le totale des absences de l'étudiant dans la matière, et en cas ou le totale atteint le limite ou il le dépasse le système va informer cet étudiant par l'envoi d'un e-mail

S-12: Consulter les absences :

- Objectif : Consulter les absences.

- Post condition : absences consultées

- Enchainement nominal :

1. L'administrateur choisie le mode de consultation des absences (par étudiant ou par matière)

Si par matière

2. Le système affiche une liste des classes est une liste des matières

3. L'administrateur choisie la classe et la matière

1. Le système Affiche la liste des absences

Si par étudiant

2. Le système une liste des classes est une liste des étudiants

3. L'administrateur choisie la classe et l'étudiant

1. Le système Affiche la liste des absences

Exceptions :

E-1 : L'administrateur valide et le formulaire n'est pas totalement rempli.

> ➢ Le système affiche un message d'erreur.

E-2: L'administrateur annule l'opération d'ajout après remplissage de formulaire.

> ➢ Le système annule l'opération d'ajout et réinitialise le formulaire.

E-3: l'absence est déjà marquée.

> ➢ Le système affiche un message d'erreur
> ➢ Le système annule l'opération d'ajout et réinitialise le formulaire.

E-4:les informations de l'absence à ajouter ne sont pas compatibles avec l'emploi de temps.

> ➢ Le système affiche un message d'erreur
> ➢ Le système annule l'opération d'ajout et réinitialise le formulaire.

- Diagramme de séquence relatif au cas d'utilisation « Ajouter ABSENCE»

La figure décrit les différentes interactions entre le système et l'administrateur afin qu'il puisse Ajouter une absence.

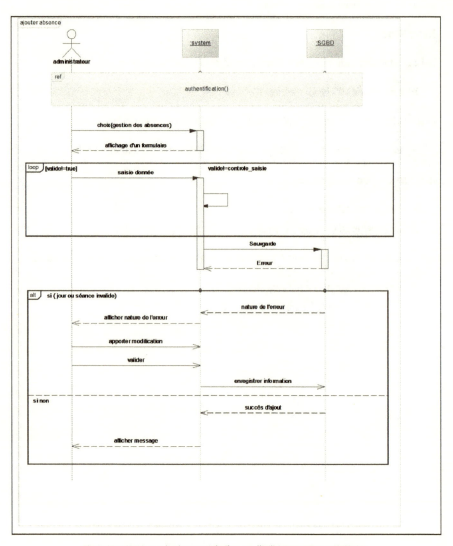

Figure 14 : Diagramme de séquence relatif au cas d'utilisation « Ajouter ABSENCE»

Scénario relatif au cas d'utilisation «Consulter les états»

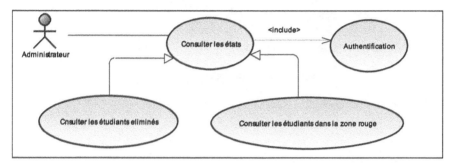

Figure 15 : Scénario relatif au cas d'utilisation «Consulter les états»

- Objectif : L'administrateur consulte les états des étudiants dans chaque matière

- Acteur principal : L'administrateur.

- Pré condition : l'utilisateur est authentifié avec succès.

- Enchainement nominal :

Le cas d'utilisation commence quand l'administrateur choisit l'option «Consulter les états», il choisit l'une des options suivantes: ELIMINE ou ZONE ROUGE

Si l'activité sélectionnée est ELIMINE, le sous-flot S-13: consulter les étudiants éliminés est exécuté.

Si l'activité sélectionnée est ZONE ROUGE, le sous-flot S-14: lister les étudiants dans la zone rouge est exécuté.

Les sous-flots:

S-13: consulter les étudiants éliminés:

- Objectif : consulter les étudiants éliminés.

- Post condition : étudiants éliminés consultées.

- Enchainement nominal :

1. Le système affiche une liste des classes.

2. L'administrateur choisie une classe.

3. Le système Affiche la liste des étudiants éliminés.

S-14: lister les étudiants dans la zone rouge:

- Objectif : consulter les étudiants dans la zone rouge.

- Post condition : étudiants dans la zone rouge éliminés consultées.

- Enchainement nominal :

1. Le système affiche une liste des classes.

2. L'administrateur choisie une classe.

3. Le système Affiche la liste des étudiants dans la zone rouge.

Chapitre 3 : Conception

La conception est une phase importante dans la réalisation d'un projet. Elle permet de décomposer le système en sous-systèmes ce qui facilite la définition des phases d'implémentation, de validation et de maintenance.

Dans ce chapitre, nous détaillons les différentes étapes que nous avons suivi au cours de la conception en la divisant en quatre parties à savoir : l'architecture globale du système, la conception du niveau données, niveau application et niveau présentation.

I. Architecture globale de la solution

Notre projet consiste à concevoir un portail intranet. C'est une application Web d'architecture à trois niveaux.

Dans l'architecture à trois niveaux (appelée architecture 3-tiers), on trouve généralement trois couches :

- La couche présentation : est associée au client qu'est l'ordinateur demandeur de ressources, équipée d'une interface utilisateur (généralement un navigateur web) chargée de la présentation.
- La couche fonctionnelle : est le serveur d'application (appelé également middleware : couche intermédiaire), chargé de fournir la ressource mais faisant appel à un autre serveur.
- La couche de données : est Le serveur de données, fournissant au serveur d'application les données dont il a besoin.

La figure suivante représente la structure d'une architecture trois tiers :

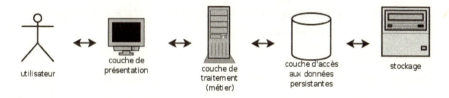

Figure 16 : architecture 3-tiers

Les avantages de cette architecture sont multiples :

- La manipulation des données est indépendante du support physique de stockage,
- La vision des traitements depuis la couche présentation est amplement simplifiée,
- Le travail en équipe est optimisé.

Nous présentons par la suite notre conception selon ces trois niveaux (niveau présentation, niveau application et niveau donnée).

II.   Conception du niveau données

La conception du niveau données permet de mieux spécifier la structure du système tout en décrivant ses règles de gestion afin d'améliorer la compréhension et la lisibilité du diagramme de classes.

1. Les règles de gestion

Nous présentons dans ce qui suit les principales règles de gestions relatives à notre application :

1. Un département comporte une ou plusieurs classes.
2. Une classe comporte plusieurs étudiants.
3. Chaque classe va étudier plusieurs matières
4. Chaque matière à un charge horaire spécifique qui se calcul par le nombre de séances par semaine
5. Chaque étudiant peur avoir une ou plusieurs absences dans une ou plusieurs matières
6. Une absence est identifier par l'étudiant la matière la séance et la date   est si l'administrateur entre une date qui dépasse la date actuelle le système va l'annuler
7. Si un étudiant atteint son limite d'absence dans une matière le système va lui envoyer un e-mail pour l'informer
8. Si un étudiant dépasse son limite d'absence dans une matière le système le système va lui informer par l'envoi d'un email

2. Description des classes

Une classe représente la structure d'un objet, c'est-à-dire la déclaration de l'ensemble des entités qui le composent. Elle est constituée d'attributs dont les valeurs représentent l'état de l'objet et des méthodes qui sont les opérations applicables aux objets.

Notre application comporte les classes suivantes :

La classe Département : contient les informations concernant un département

La classe «Classe » : regroupe les informations d'une classe

La classe étudiant : classe qui regroupe tous les informations concernant un étudiant

La classe matière : comporte les informations d'une matière

La classe absence : C'est une classe d'association entre 'Etudiant' et 'Matière'. Un étudiant peut avoir une ou plusieurs absences dans une ou plusieurs matières. On peut déterminer l'état d'un étudiant a partir de son nombre d'absences.

La classe étudié : C'est une classe d'association entre 'Classe' et 'Matière'.

3. Diagramme de classes

Le diagramme suivant représente le diagramme de classes de notre application.

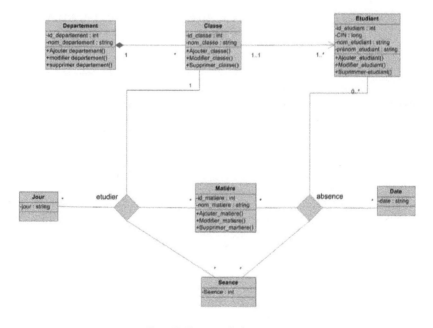

Figure 17 : Diagramme de classes

4. Règle de passage du diagramme de classe au modèle relationnel

Règle 1 : Chaque classe se transforme en une table

> ➤ Le nom de la table est le nom de la classe
> ➤ la clé de la table est l'identifiant de la classe
> ➤ les autres attributs de la classe forment les autres colonnes de la table

Règle 2 : Toute association hiérarchique (de type [1, *]) se traduit par une clé étrangère. La clé primaire correspondant à la classe mère (côté 1) migre comme clé étrangère dans la relation correspondant à (côté *) classe fille

Règle 3 : Toute relation n-aire est traduite en une table relationnelle dont les caractéristiques sont les suivantes :

> ➤ le nom de la table est le nom de la relation,
> ➤ la clé de la table est formée par la concaténation des identifiants des autres classes participant à la relation,
> ➤ les attributs spécifiques de la relation forment les autres colonnes de la table.

5. Schéma relationnel

Après avoir établi notre diagramme de classes, nous déduisons le modèle relationnel suivant :

Département : (id_département, nom_département)

Classe : (id_classe, nom_classe, #id_département)

Etudiant : (id_étudiant, CIN, nom_etudiant, prenom_etudiant, email, #id_classe)

Matière : (id_matiére, nom_matiére)

Etudier : (#id_classe , #id_matiére, charger_horaire, jour, séance)

Absence : (#id_étudiant, # id_matiére, date, séance)

III. Conception du niveau application

La conception du niveau application contient tous les traitements permettant d'assurer le bon fonctionnement du système.

1. Traitement coté client

Parmi les traitements coté client qu'on a réalisé dans notre application on peut citer celle de **l'ajout d'une absence**.

Pour que l'administrateur ajoute une absence il doit respecter les emplois des du temps des classes donc il n'a pas le droit d'ajouter une absence à un étudiant dans une séance qui n'appartienne pas dans l'emploi de tempe de ce dernier aussi il n'a pas le droit d'ajouter une absence dans une date supérieure à la date présent de plus il ne peut pas ajouter deux absence a une étudiant dans la même séance et la même date.

2. Traitement coté serveur

L'implémentation des deux fonctions, tel que la fonction **absence1** qui permet de retourner la valeur 1 si un étudiant dépasse son limite d'absence dans une matière si non elle retourne 0, et la fonction **EtudiantZoneRouge** qui permet de retourner la valeur 1 si un étudiant atteint son limite d'absence si nom elle retourne 0. On a utilisé ces deux fonctions dans la partie **Gestion des états**.

L'implémentation d'un trigger qui surveille la table Absence, ce trigger se déclenche à chaque fois ou l'utilisateur insère une absences il permet de calculer le nombre des absences de l'étudiant et de lui envoyer un email en cas où il atteint son limite d'absence ou il le dépassé

IV. Conception du niveau présentation

1. Structure de l'application

Dans notre application, nous choisissons la structure en évolution car elle s'adapte le plus aux Besoins de l'utilisateur. L'objectif est de maintenir une hiérarchisation équilibrée qui permet l'accès rapide à l'information et une compréhension intuitive de la façon dont les pages sont organisées tout en donnant la possibilité d'évoluer.

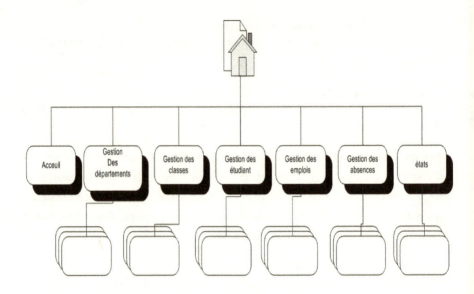

Figure 18 : Structure de l'application

2. Charte graphique

Le but de la charte graphique est de conserver une cohérence graphique dans les réalisations graphiques d'un même projet pour cela, nous avons choisi la structure suivante pour toutes les interfaces de notre application :

Dans ce chapitre, nous avons spécifié l'architecture de notre système, ainsi que sa conception détaillée à travers le diagramme de classes et le diagramme de séquence afin de montrer sa structure.

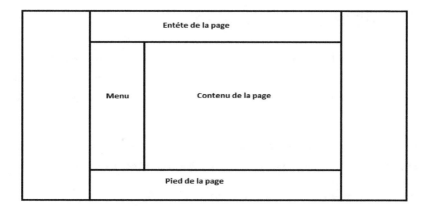

Figure 19 : Charte graphique de l'application

Le chapitre suivant met en évidence la partie réalisation de l'application

Chapitre 4 : Réalisation

Le chapitre réalisation consiste à définir les différents outils matériels et logiciels qui ont contribué à la réalisation de notre projet et à mettre en œuvre les besoins fonctionnels et non fonctionnels présentés dans les chapitres précédents tout en tenant compte de la partie conception.

En effet, nous présentons dans ce chapitre l'environnement matériel et logiciel utilisé, le déploiement de notre application ainsi que les principales interfaces graphiques.

I. Environnement de développement

1. Environnement matériel
L'application a été développée sur une machine ayant les caractéristiques suivantes :

Marque : LENOVO

Processeur : Intel(R) Core™ i3-2370QM CPU @ 2.40 GHz 2 ,40 GHz

RAM : 4.00 Go

2. Environnement logiciel
Au cours de notre développement nous avons eu recours à plusieurs logiciels, à savoir :

- Technologie de développement web : ASP.NET
- Langage de programmation : C #
- Système de gestion de bases de données : Microsoft SQL Server 2008 R2
- Environnement de développement : Visual Studio 2010 Framework 4
- Environnement de conception UML : Power AMC 15, Microsoft Office Visio 2007
- Outil de planification et ordonnancement : MS Project 2003
- Langage script : JavaScript
- Technologie : AJAX, JQuery

3. Choix des outils de développement
Notre choix concernant les outils de développement est basé sur le fait que :

ASP.NET :

ASP.net de Microsoft est une technologie d'écriture de script de serveur qui peut être utilisée pour créer des logiciels dynamiques et interactifs pour la toile. Une page ASP.net est une page HTML contenant des scripts de serveur lesquels sont traités par un serveur sur la toile avant d'être envoyé au navigateur de l'utilisateur. Nous pouvons combiner ASP avec les langages Extensible Markup Language (XML) et Hypertext Markup Language (HTML) afin de créer des sites interactifs puissants. Le codage ASP.net est plus "compact" que le code ASP; les scripts nécessaires pour exécuter une fonction donnée sont plus courts en ASP.net qu'en ASP.

Puisque le script de serveur construit une page HTML régulière, elle peut servir à presque n'importe quel navigateur. Un fichier ASP.net peut être créé en utilisant n'importe quel outil d'édition de texte, tel le bloc note.

Visual Studio 2010

Pour créer notre application Web ASP.NET, nous pouvons utiliser Visual Studio 2010 Framework 4. Les outils et options de Visual Studio conçus pour la création d'applications Web sont regroupés au sein de Visual Web Developer. De plus, un produit autonome et gratuit (Visual Web Developer Express) est disponible et intègre les principales fonctionnalités de conception Web de Visual Studio.

Microsoft SQL Server 2008 R2

Figure 20 : logo SQL Server 2008

Microsoft SQL Server est un système de gestion de base de données (abrégé en SGBD ou SGBDR pour « Système de gestion de base de données relationnelles ») développé et commercialisé par la société Microsoft.

Bien qu'il ait été initialement développé par Sybase et Microsoft, Ashton-Tate a également été associé à sa première version, sortie en 1989. Cette version est sortie sur les plates-formes Unix et OS/2. Depuis, Microsoft a porté ce système de base de données sous Windows et il est désormais uniquement pris en charge par ce système.

Microsoft Office Visio 2007

Figure 21 : logo Microsoft Office Visio 2007

Que vous soyez informaticien ou commercial, le logiciel de dessin et de création de diagrammes Microsoft Office Visio 2007 vous permet de visualiser, d'analyser et de communiquer des informations complexes. Transformez le texte et les tableaux compliqués et difficiles à comprendre en diagrammes Visio qui communiquent les informations de façon instantanée. Au lieu d'utiliser des images statiques, créez des diagrammes Visio connectés aux données qui affichent les données, qui sont faciles à actualiser et qui augmentent votre productivité de manière spectaculaire. Utilisez la gamme étendue de diagrammes dans Office Visio 2007 pour comprendre, partager et agir directement sur les informations relatives aux systèmes, aux ressources et aux processus de toute l'entreprise.

II.   Travail réalisée

1. Coté client

Pour que notre application soit assez dynamique et adaptable nous avons réalisé plusieurs interface permettant de facilité l'utilisation d'une part, et d'assuré une gestion global des absences.

Pour accéder à l'application, l'utilisateur doit tout d'abord s'authentifier, pour cela il introduit son login et son mot de passe comme l'indique la figure ci-dessous.

Figure 22 : interface d'authentification

L'interface ci-dessous permet à l'utilisateur ajouter un étudiant

Figure 23 : interface pour l'ajout d'un étudiant

Cette interface permet a l'utilisateur d'ajouter une séance

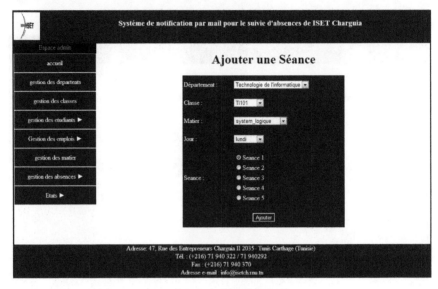

Figure 24 : interface pour l'ajout d'une séance

Cette interface permet a l'utilisateur d'ajouter une absence

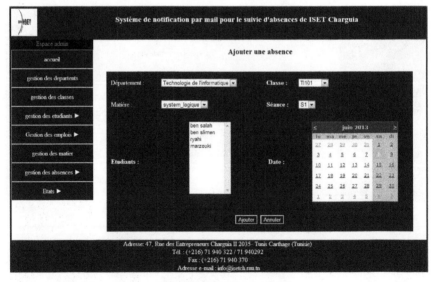

Figure 25 : interface pour l'ajout d'une absence

Cette interface permet de consulter la liste des absences de chaque étudiant

Figure 26 : interface pour la consultation des absences

Cette interface permet de consulte la liste des étudiants éliminés par classe

Figure 27 : pour consulter les étudiants éliminés

2. Coté serveur

a) Implémentation de la base de données

La création de la base de données sur SQL server management studio avec les tables et les fonctions nécessaires pour notre application.

b) La configuration de la messagerie sur SQL Server 2008

La gestion des mails avec SQL Server passe par le servie de mail de base de données (Database mail). Ce service permet une meilleure gestion des mails au sein de l'entreprise car il offre à la fois plus de souplesse en terme de mise en œuvre et de performance mais aussi il garantit une sécurité plus importante que le service SQLMail présent dans les versions antérieure de SQL Server.

> SQLMail est maintenu dans SQL Server pour des raisons de compatibilité. Il ne faut pas l'utiliser pour de nouveau développements.

Le service de mail de base de données utilise le protocole standard SMTP pour envoyer les mails. Il ne repose pas sur MAPI, ce qui rend facultatif l'installation d'un client de messagerie comme Outlook. Au travers de ce protocole, le service de mail de base de données prend en charge l'envoi de mails au format HTML.

Le service des mails est exécuté dans un processus distinct de celui de SQL Server. Ainsi, si ce service est défaillant, cela ne va pas perturbe le bon fonctionnement de la base de données. Les mails iront se placer dans la file d'attente du processus lié au service des mails de base de données.

Le service de messagerie de base de données n'est pas actif par défaut, aussi l'assistant de configuration se charge d'activer avant de le paramétrer. Cette activation est obligatoire pour le bon fonctionnement du service.

L'assistant de configuration de la messagerie de base de données va permettre de réaliser simplement et en étant guidé l'une des actions suivantes :

- Configurer la messagerie de base de données,
- Gérer les comptes de la messagerie de base de données,
- Gérer les profils de sécurité,
- Gérer les paramètres système.

Configurer la messagerie de base - (Assistant Configuration de la messagerie de base de données)

Avant d'utiliser la messagerie de base, plusieurs tâches de configuration doivent être effectuées. Cette section décrit les étapes nécessaires pour configurer correctement la messagerie de base qui consiste à vérifier que l'Agent SQL Server s'exécute, en vérifiant que le Service Broker est activé pour la base de données msdb, d'activer la fonction de messagerie de base de données, et enfin, créer un profil e-mail et compte de messagerie SMTP à l'aide de l'Assistant Configuration de la messagerie de base de données.

1ére étape: Vérifiez l'Agent SQL Server est exécuté

Les Messages dans la messagerie de base sont envoyés par l'Agent SQL Server. Si l'agent n'est pas en cours d'exécution, les messages seront accumulés dans la base de données msdb et envoyées lorsque le service de l'agent revient à l'état de l'exécution.

Pour vérifier l'état du processus de l'Agent SQL Server on doit utiliser le procédure stockée **xp_servicecontrol**

Requête

```
USE msdb
Go

EXEC xp_servicecontrol N'QueryState', N'SQLServerAGENT';
Go
```

Résultat

```
Current Service State
-----------------------
Running.
```

Si l'agent est arrêté, il faut le redémarré pour qu'on puisse l'envoi des messages via la messagerie de base.

2éme étape : Activer la messagerie de base **(Database Mail)**

La messagerie de base repose sur un certain nombre de procédures stockées internes. Pour réduire la surface, ces procédures stockées sont désactivés sur de nouvelles installations de SQL Server se qui rend la messagerie de base données **(Database Mail)** pas active par défaut. Les utilisateurs doivent activer explicitement ces messageries de base de procédures stockées à l'aide de l'un des trois méthodes suivantes.

Méthodes 1 : En utilisant la procédure stockée sp_configure

```
USE master
Go

EXEC sp_configure 'show advanced options', 1
Go

/*La Configuration de l'option 'show advanced options' pour changer sa
valeur de 0 to 1. */

RECONFIGURE
Go

Command(s) completed successfully.

EXEC sp_configure 'Database Mail XPs', 1
Go

/*La Configuration de l'option 'Database Mail XPs' pour changer sa valeur
de 0 to 1.*/

RECONFIGURE
Go

Command(s) completed successfully.

EXEC sp_configure 'show advanced options', 0
Go

/*La Configuration de l'option 'show advanced options' pour changer sa
valeur de 1 to 0. */

RECONFIGURE
Go
```

Méthodes 2 : en utilisant la facette Configuration de la surface de la gestion basée sur des stratégies

Pour activer la messagerie de base de données en utilisant la facette Configuration de la surface de la gestion basée sur des stratégies (Policy-Based Management), On lance SQL Server Management Studio, cliquez-droit sur le serveur qu'on souhaite activer leur fonction de messagerie de base de données et sélectionner facettes (**Facets**).

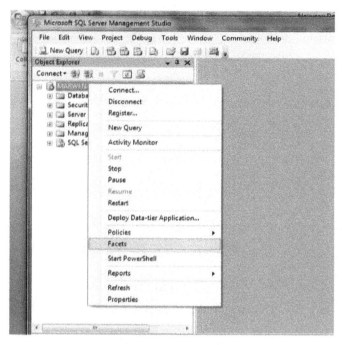

Figure 28 : sélectionner facettes (Facets).

Puis choisir l'option surface area configuration de la liste déroulante **Facet**

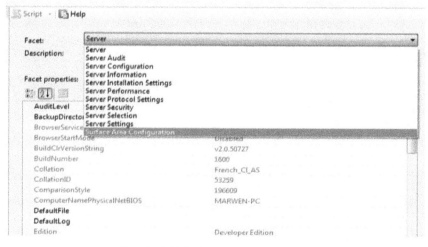

Figure 29 : choisie l'option Surface area Configuration

Localisez **DatabaseMailEnabled** dans les propriétés de Facet et changer sa valeur de **False** à **True**, puis cliquez sur le **OK** bouton.

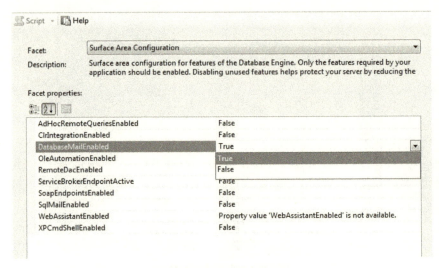

Figure 30 : met DatabaseMailEnabled à True

Méthodes 3 : En utilisant l'assistant de Configuration de la messagerie de base de données

L'Assistant Configuration de la messagerie de base de données est utilisée pour créer des profils de courrier électronique et les comptes SMTP, qui sont tous deux nécessaires pour utiliser la messagerie de base pour envoyer des messages. Si la fonction de messagerie de base de données dans pas activé, l'Assistant Configuration de la messagerie de base de données va vous demander de l'activer lorsque vous tentez de créer le profil e-mail et compte SMTP pour la première fois. Comme indique la figure ci-dessous.

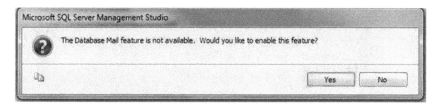

Figure 31 : message de confirmation pour l'activation de Database MAIL

Créer un profil E-mail et compte SMTP

Après avoir activé la fonctionnalité de messagerie de base de données, l'étape suivante consiste à utiliser l'Assistant Configuration de la messagerie de base de données pour créer un profil e-mail et un compte SMTP par lequel envoyer des emails. Pour démarrer l'Assistant Configuration de la messagerie de base de données, dans l'Explorateur d'objets, étendre le dossier gestion (Management) dans SQL Server Management Studio, cliquez droit sur la messagerie de base (Database Mail), puis sélectionnez Configurer la messagerie de base (Configure Database Mail).

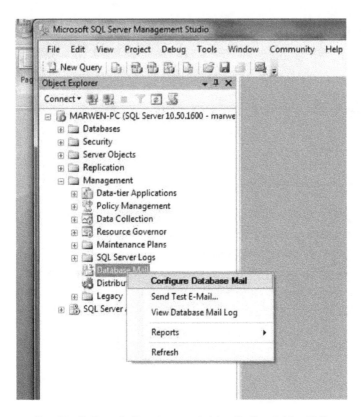

Figure 32 : sélectionnez Configurer la messagerie de base (Configure Database Mail)

Cela fera apparaître l'écran de bienvenue d'Assistant Configuration de la messagerie de base de données. Cliquez sur **Suivant** pour continuer.

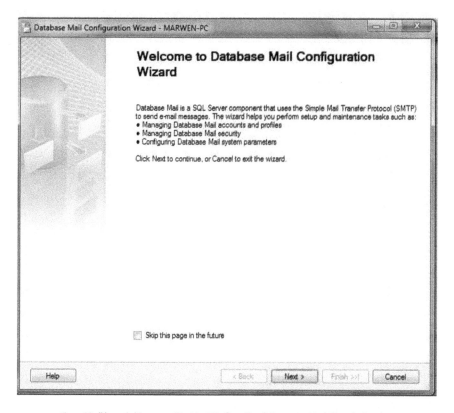

Dans cette fenêtre, on sélectionne l'option « set up Database Mail by perfoming the following tasks » **Configurer la messagerie de base en effectuant les tâches suivantes,** et ensuite, on Clique sur le bouton **Next** pour continuer

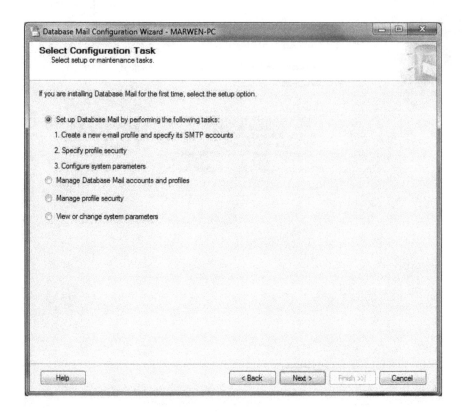

Figure 34 : sélectionne l'option « set up Database Mail by perfoming the following tasks »

Si vous n'avez pas encore activé la messagerie de base, vous recevrez un message vous demandant si vous souhaitez activer la fonction de messagerie de base de données. Cliquez sur Oui pour l'activer.

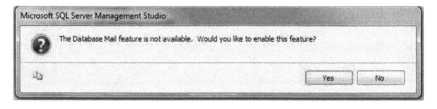

Figure 35 : Figure 31 : message de confirmation pour l'activation de Database MAIL

Ensuite, sur cette fenêtre, vous saisissez le Nom de profil avec une description facultative du profil, puis sélectionnez le bouton Ajouter pour configurer un compte SMTP.

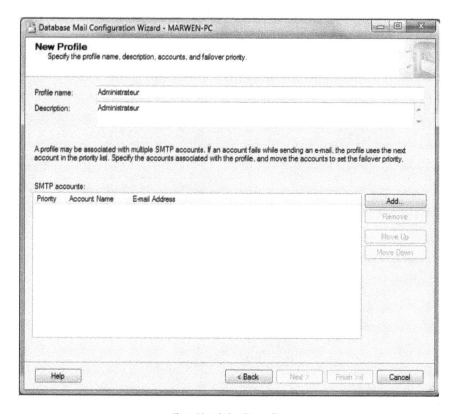

Figure 36 : création d'un profile

Sur le compte Mail New Database écran, fournir les informations requises pour le serveur de courrier sortant (SMTP). Remplissez le nom du compte, la description (facultatif), l'adresse email, nom affiché, réponse par email (facultatif) et Nom du serveur SMTP et le numéro de port. Ensuite, sélectionnez l'authentification SMTP approprié pour votre serveur et cliquez sur Suivant pour continuer.

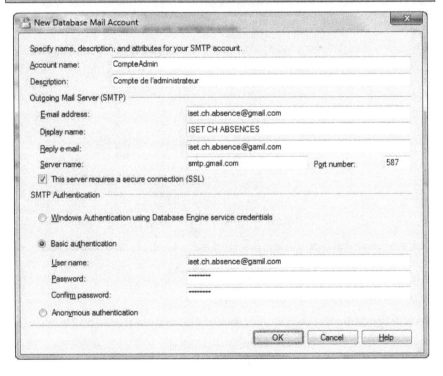

Figure 37 : création d'un compte

Cela vous ramènera à la New Profile écran. Cliquez sur Suivant pour continuer.

La gestion de la sécurité d'un profil écran vous permet de définir ce profil comme étant soit public ou privé. Un profil privé n'est accessible qu'aux utilisateurs ou des rôles spécifiques. Un profil public permet à n'importe quel utilisateur ou rôle avec accès à la base de données de serveur de courrier (msdb) pour envoyer des e-mail en utilisant ce profil. Notez que pour envoyer la messagerie de base, les utilisateurs doivent également être ajoutés à la DatabaseMailUsersRole rôle de base de données dans la base de données msdb base de données.

Vous pouvez également spécifier que ce profil est un profil par défaut. Dans ce cas, les utilisateurs ou les rôles peuvent envoyer des e-mails en utilisant le profil sans spécifier explicitement le nom du profil. Si l'utilisateur ou le rôle d'envoyer le message e-mail a un profil privé par défaut (utilisez l'onglet Profils privée sur cet écran), Base de données utilise ce profil. Si l'utilisateur ou le rôle n'a pas de profil privé par défaut, sp_send_dbmail utilise le profil public par défaut pour le msdb base de données. S'il n'y a pas de profil privé par défaut pour l'utilisateur ou le rôle et pas de profil public par défaut pour la base de données, sp_send_dbmail renvoie une erreur. Un seul profil peut être marqué comme le profil par défaut.

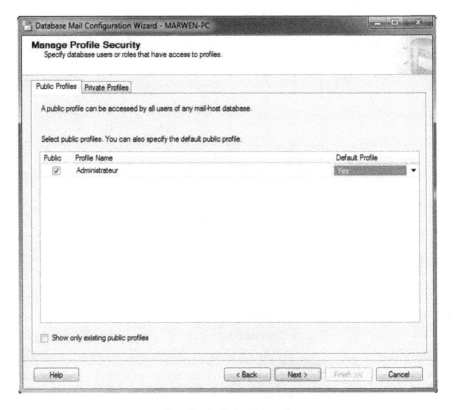

Figure 38 : gérer la sécurité de profil

Utilisez la Configuration des Paramètres système pour spécifier les paramètres du système de messagerie de base de données tels que les tentatives de reprise ou de types de pièces jointes que vous ne voulez pas envoyer en incluant les extensions des fichiers (extensions de fichiers joints interdites). Cliquez sur Suivant pour continuer

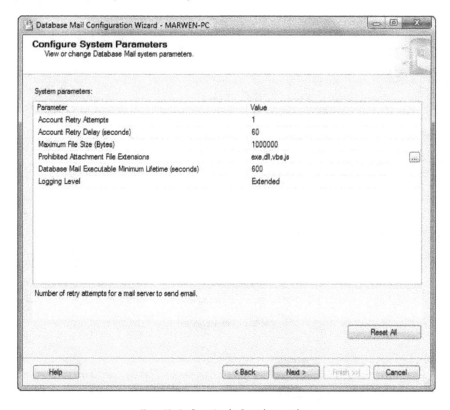

Figure 39 : Configuration des Paramètres système

Enfin, passez en revue la liste des étapes de l'assistant est sur le point d'effectuer, puis cliquez sur Terminer pour exécuter ces actions.

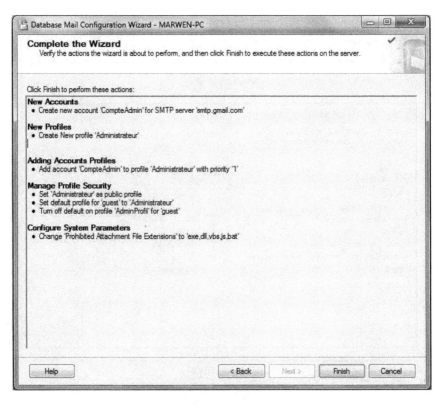

Figure 40 : assistant complet

Vérifiez que toutes les actions menées à bien. Cliquez sur **Fermer** pour quitter l'Assistant Configuration de la messagerie de base de données.

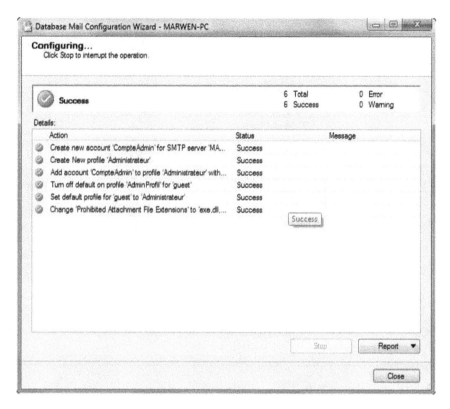

Figure 41 : configuration

Effectuer un test rapide du nouveau profil de messagerie dans SQL Server Management Studio. Faites un clic droit messagerie de base et sélectionnez Envoyer e-mail test ... .

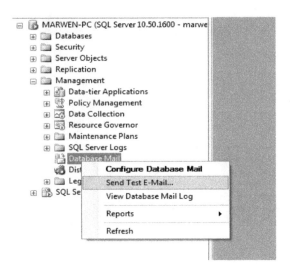

Figure 42 : test MAIL

Fournir une adresse e-mail du destinataire et cliquez sur Envoyer e-mail test.

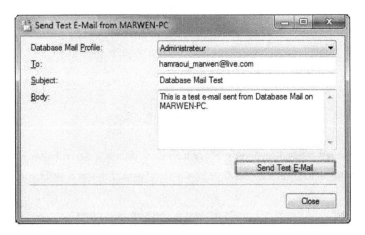

Figure 43 l'envoi dans test MAIL

Vérifiez que vous avez reçu l'email de test et cliquez sur OK pour fermer la boîte de dialogue, sinon cliquez sur le dépannage bouton pour enquêter sur d'éventuelles erreurs. En plus du bouton de dépannage, vous pouvez également consulter le contenu de msdb.dbo.sysmail_event_log.

```
SELECT * FROM msdb.dbo.sysmail_event_log ;
Go
```

c) La procédure sp_send_dbmail

Après la configuration la base de données de messagerie (**Database Mail**), nous sommes maintenant prêts à envoyer un courriel. Pour envoyer du courrier, nous devons exécuter une procédure stockée sp_send_dbmail qui se trouve dans **la base de données msdb [1]** et fournir les paramètres requis, comme il indiqué ci-dessous:

```
USE msdb
GO
EXEC sp_send_dbmail @profile_name='nom du Profile',
@recipients='test@Example.com',
@subject='objet du message',
@body='le corp de message.'
```

[@profile_name =] 'profile_name'

Nom du profil à partir duquel envoyer le message. L'argument profile_name est de type sysname, avec NULL comme valeur par défaut. Il doit être le nom d'un profil de messagerie de base de données existant. Lorsqu'aucun argument profile_name n'est spécifié, la procédure stockée sp_send_dbmail utilise le profil privé par défaut de l'utilisateur actuel. Si cet utilisateur ne dispose pas d'un tel profil, sp_send_dbmail utilise le profil public par défaut de la base de données msdb. Si l'utilisateur n'a pas de profil privé par défaut et s'il n'existe aucun profil public par défaut pour la base de données, le paramètre @profile_name doit être spécifié.

[@recipients =] 'recipients'

Liste des adresses de messagerie électronique auxquelles envoyer le message (délimitée par des points-virgules). La liste des destinataires est de type **varchar(max).**

[@subject =] 'subject'

Objet du message électronique. L'objet est de type **nvarchar(255).** Si l'objet est omis, « Message SQL Server » est la valeur par défaut

[@body =] 'body'

Corps du message électronique. Le corps du message électronique est de type **nvarchar(max),** avec NULL comme valeur par défaut.

La base de données msdb : La base de données msdb est utilisée par l'Agent SQL Server pour planifier des alertes et des travaux, ainsi que par d'autres fonctionnalités telles que Service Broker et la messagerie de base de données.

d) L'implémentation du déclencheur

```
CREATE TRIGGER envoyer_mail
ON dbo.absence
FOR insert
AS
BEGIN

/*déclaration des variables*/
declare @etud int
declare @mat int
declare @tot_abs1 int
declare @tot_abs2 int
declare @nom_etudiant varchar(50)
declare @nom_matiere varchar(50)
declare @message1 nvarchar(200)
declare @message2 nvarchar(200)

/*les variable @etud et @mat prent respectivement l'id de l'étudiant inséré et l'id de
la matière inséré*/
set @etud =(select etudiant from inserted)
set @mat =(select matier from inserted)

/* @tot_abs1 va prendre le nombre total des absences qui concerne l'étudiant inséré
dans la matière inséré si cette matière à un charge_horaire=1 */
```

```sql
set @tot_abs1=(select count (*) from absence where (etudiant=@etud and matier=@mat and
matier IN (select matier from etudier where (charge_horaire = 1)))group by etudiant)

/* @tot_abs1 va prendre le nombre total des absences qui concerne l'étudiant inséré
dans la matière inséré si cette matière à un charge_horaire=2 */
set @tot_abs2=(select count (*) from absence where (etudiant=@etud and matier=@mat and
matier IN (select matier from etudier where (charge_horaire = 2)))group by etudiant)

/*dans les instruction ci-dessous on extraire le nom de l'étudiant est le nom de la
matière juste pour les utiliser dans les messages a envoyer*/
set @nom_etudiant=(select nom_etudiant from etudiant where id_etudiant in (select
etudiant from inserted))
set @nom_matiere=(select nom_mat from matier where id_mat in (select matier from
inserted))

set @message1=@nom_etudiant+': vous etes elliminé en '+@nom_matiere
set @message2=@nom_etudiant+' : Attention !!! une autre absence est tu sera elliminé
en '+@nom_matiere

/*l'envoi des emails en utilisant la procédure stocké (sp_send_dbmail) */

        if @tot_abs1=4

                EXEC msdb.dbo.sp_send_dbmail
                @profile_name = 'Administrateur',
                @recipients = 'hamraoui_marwen@live.fr',
                @subject = 'vous etes élliminé',
                @body = @message1;

        else

    if @tot_abs2=7
                EXEC msdb.dbo.sp_send_dbmail
                @profile_name = 'Administrateur',
                @recipients = 'hamraoui_marwen@live.fr',
                @subject = 'vous etes élliminé',
                @body = @message1;
        else
        if @tot_abs1=3
                EXEC msdb.dbo.sp_send_dbmail
                @profile_name = 'Administrateur',
                @recipients = 'hamraoui_marwen@live.fr',
                @subject = 'Limite dabsence',
                @body = @message2;
        else
        if @tot_abs2=6
                EXEC msdb.dbo.sp_send_dbmail
                @profile_name = 'Administrateur',
                @recipients = 'hamraoui_marwen@live.fr',
                @subject = 'Limite dabsence',
                @body = @message2;

END
```

III.   Planification du projet

Un projet comporte un nombre de tâches à réaliser dans des délais impartis et selon un agencement bien déterminé. Le diagramme de GANTT permet de planifier le projet et de rendre plus simple le suivi de son avancement.

Le diagramme de GANTT est un planning présentant une liste de tâches en colonne et en abscisse l'échelle de temps retenue. Il permet ainsi de visualiser facilement le déroulement du projet. Nous présentons dans ce qui suit, le diagramme de GANTT relatif à notre projet :

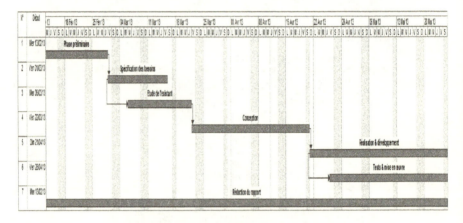

Figure 44 : le diagramme de GANTT relatif à notre projet

CONCLUSION GENERALE

Ce projet a été réalisé dans le cadre d'un projet de fin d'études au sein de l'Institut Supérieur des études technologiques de Charguia.

Notre travail se résume en la conception et la réalisation d'un Système de notification par courrier électronique pour le suivie des absences des étudiants de l'ISET afin d'assurer la gestion, le suivi et le contrôle des absences ainsi d'informer les étudiants à chaque changement d'état d'absences dans une matière.

La satisfaction des exigences des personnelles et des étudiants de notre futur système a été notre premier objectif. Dans ce contexte, nous avons cherché à développer un système flexible et évolutif permettant son amélioration par la suite afin d'anticiper les changements continus des besoins des utilisateurs.

Notre application a permis, au premier lieu, de répondre au besoin de l'utilisateur par la création des interfaces et des contrôles nécessaire pour le suivie et la gestion compréhensive des absences des étudiants, et par la suite elle permet aux étudiants de connaitre leurs état d'absence dans chaque matière par l'envoi des E-mail. Donc elle permet d'alléger la tâche aux personnel d'une part, et de facilite l'information aux étudiants d'autre part.

Pour la conception de notre application, nous avons eu recours au langage de modélisation unifiés UML. Cette approche nous a permis de bien comprendre la problématique et de bien modéliser les objectifs à atteindre. Ce qui nous a donné la possibilité de réaliser un système stable et évolutif.

Nous avons implémenté notre application web en utilisant le langage de programmation ASP.NET. De même nous avons respecté l'architecture à trois niveaux puisque notre système a été développé en architecture trois tiers. Pour la mise en place de notre base de données nous avons utilisé SQL Server.

Ce stage nous a donné l'opportunité de manipuler des techniques innovantes et évolutives et nous a permis aussi de tester et d'appliquer nos connaissances acquises au sein de l'Institut Supérieur des Etudes Technologiques de Charguia et de les améliorer. Cela serait bien de montrer le niveau à cent pour cent de réalisation par rapport à la conception et les perspectives futures notamment la partie traitement des SMS.

BIBLIOGRAPHIE ET NETOGRAPHIE

http://msdn.microsoft.com

http://www.siteduzero.com

http://www.uml-sysml.org/diagrammes-uml-et-sysml/diagramme-uml/diagramme-de-classe

http://blogs.msdn.com/b/suhde/archive/2009/07/12/how-to-configure-sql-server-database-mail-to-send-email-using-your-windows-live-mail-account-or-your-gmail-account.aspx